ALMANAQUE
COVID-19
DR. DUVERDE

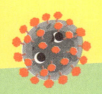

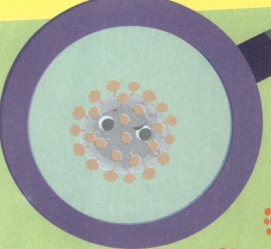

Ciranda Cultural

Dados Internacionais de Catalogação na Publicação (CIP) de acordo com ISBD

C578a   Ciranda Cultural

Almanaque COVID-19 Dr. Duverde / Ciranda Cultural ; ilustrado por Lie Nobusa. - Jandira, SP : Ciranda Cultural, 2020.
32 p. ; il. : 21cm x 29,7cm.

ISBN: 978-65-5500-203-4

1. Literatura infantil. 2. Coronavírus. 3. COVID-19. I. Título.

CDD 028.5
CDU 82-93

2020-777

Elaborado por Vagner Rodolfo da Silva - CRB-8/9410

Índice para catálogo sistemático:
1. Literatura infantil 028.5
2. Literatura infantil 82-93

© 2020 Ciranda Cultural Editora e Distribuidora Ltda.
Revisão técnica: Fábio César Bozelli CRM 89284 e André Mattar CRM 115985
Pesquisa e Olhar Sistêmico: Christine Vlcek
Projeto gráfico e ilustrações: © Lie Nobusa
Produção: Ciranda Cultural

1ª Edição em 2020
2ª Impressão em 2021
www.cirandacultural.com.br

Todos os direitos reservados. Nenhuma parte desta publicação pode ser reproduzida, arquivada em sistema de busca ou transmitida por qualquer meio, seja ele eletrônico, fotocópia, gravação ou outros, sem prévia autorização do detentor dos direitos, e não pode circular encadernada ou encapada de maneira distinta daquela em que foi publicada, ou sem que as mesmas condições sejam impostas aos compradores subsequentes.

ALMANAQUE
COVID-19
DR. DUVERDE

- O NASCIMENTO DO VÍRUS
- O CORONAVÍRUS
- TRANSMISSÃO
- SINTOMAS
- GRUPOS DE RISCO
- SISTEMA IMUNOLÓGICO
- CUIDADOS A SEREM TOMADOS
- MUDANÇA DE HÁBITOS
- TRATAMENTO
- SAÚDE EMOCIONAL

Ciranda Cultural

ALMANAQUE COVID-19

Olá, amigos! Eu sou o Dr. Duverde e estou aqui para explicar por que estamos vivendo algo tão diferente.

De um dia para o outro, tivemos de sair da escola e ficar em casa. Não podemos mais ir ao parque, muito menos ao cinema e sequer à casa ou ao sítio da vovó...

Vamos entender o que é o coronavírus, e que esse vírus causa a doença COVID-19, em que, na maioria das pessoas, causa tosse, dor de cabeça e dor no corpo, pode dar muita falta de ar e até matar. Por isso, precisamos tomar todos os cuidados. Esse vírus é muito esperto e rápido, diferente dos outros vírus existentes em nosso planeta.

O NASCIMENTO DO VÍRUS

O vírus nasceu na China, e estudos mostram que provavelmente a zoonose foi transmitida aos seres humanos por animais como morcegos e pangolins. Propagou-se rapidamente, atingindo várias pessoas na China. Em seguida, chegou à Tailândia, Irã, Arábia Saudita e Japão. Foi para Itália, Espanha, Alemanha e França, se espalhou pela Europa, atravessou o oceano Atlântico, chegou aos Estados Unidos e finalmente ao Brasil.

Em 11/03/2020, a OMS (Organização Mundial de Saúde) declarou pandemia do Novo-Coronavírus.

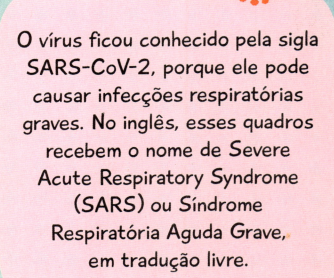

O vírus ficou conhecido pela sigla SARS-CoV-2, porque ele pode causar infecções respiratórias graves. No inglês, esses quadros recebem o nome de Severe Acute Respiratory Syndrome (SARS) ou Síndrome Respiratória Aguda Grave, em tradução livre.

Vamos colorir as bandeiras dos países: China, Tailândia, Irã, Arábia Saudita, Japão, Itália, Espanha, Alemanha, França, Estados Unidos e Brasil, conforme o modelo ao lado de cada uma.

- CHINA
- TAILÂNDIA
- IRÃ
- ARÁBIA SAUDITA
- JAPÃO
- ITÁLIA

VOCÊ SABIA?

Pandemia se refere à distribuição geográfica de uma doença, e não à gravidade dela.

- ESPANHA
- ALEMANHA
- FRANÇA
- ESTADOS UNIDOS
- BRASIL

AFINAL, O QUE É UM VÍRUS?

Os vírus não conseguem se reproduzir sozinhos. Por isso, eles invadem as nossas células e utilizam todo nosso maquinário para se multiplicar em poucos minutos.

Pronto! Assim começam as infecções. O seu corpo (suas defesas) começa a reagir, gerando febre e outros sintomas.

O CORONAVÍRUS

Ele é um vírus parecido com outros já conhecidos. Mas, como ele é novo, esperto e rápido, nossas defesas nem sempre vão conseguir acabar com ele. A maioria das pessoas infectadas fica bem. Outras vão adoecer rapidamente e deverão ir para os hospitais, onde podem precisar de respiradores, pois o coronavírus ataca muito os pulmões.

O CORONAVÍRUS E O ATAQUE AOS PULMÕES

O coronavírus entra pela boca, pelo nariz ou pelos olhos e desce pela garganta e pelas vias respiratórias para atacar os pulmões. A pneumonia aparece após alguns dias de doença.

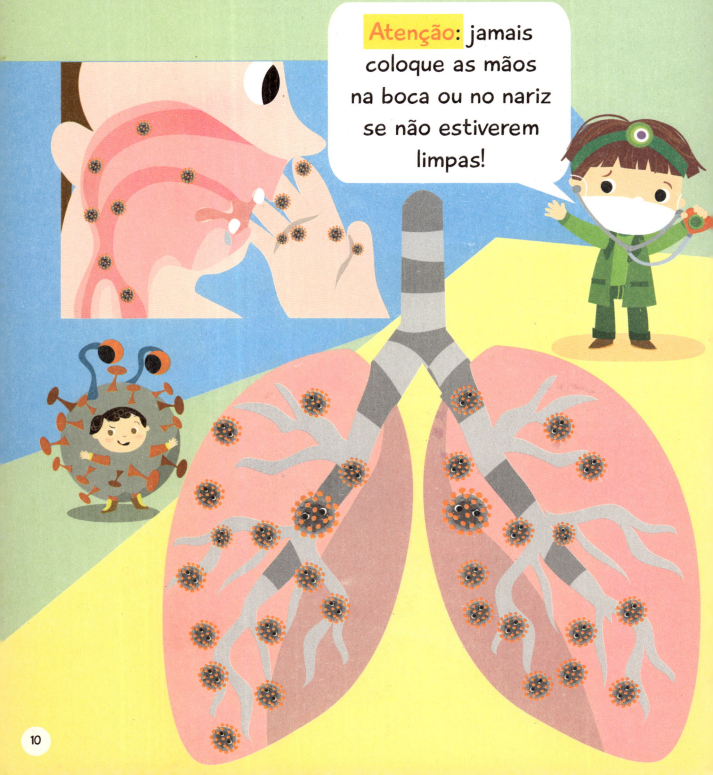

COMO OCORRE A TRANSMISSÃO DO CORONAVÍRUS?

O coronavírus é de fácil transmissão e pode se espalhar da seguinte forma: contato com objetos e superfícies, toque, aperto de mãos, conversas sem máscara, tosse e espirros e até mesmo gargalhadas.

Qualquer pessoa que se aproxime sem o uso de máscara a um metro e meio de distância de uma pessoa infectada ou que faça contato físico com ela corre o risco de ser contaminada com a infecção.

CONTÁGIO

O coronavírus é tão esperto, tão esperto, que na sala de aula você nem vai perceber que ele está perto de você. Ele é como um fantasminha, estará lá e você poderá levá-lo para casa sem querer, nas suas mãos, nas suas roupas ou nos seus sapatos. Por isso, você precisa seguir as regras de higiene e se manter distante dos idosos e das pessoas que pertençam ao grupo de risco, porque o coronavírus usa as crianças, os jovens e o ar para ir de um lugar para o outro e se multiplicar mais ainda.

A grande maioria das crianças e jovens é **assintomática**, isto é, não vai sentir nada ou quase nada, mas o coronavírus está lá, pronto para pular em alguém quando você espirrar ou tossir. O lugar onde você colocar as mãos ficará contaminado!

SINTOMAS

SINTOMAS:
- FEBRE
- TOSSE, ESPIRROS E CORIZA
- FALTA DE AR E DOR NO PEITO
- DOR DE CABEÇA E DOR NO CORPO

E, curioso!
- PERDA DO OLFATO E DO PALADAR

É possível estar com a COVID-19 por até 14 dias antes de apresentar os sintomas, que são febre, cansaço e tosse seca. A maioria das pessoas (cerca de 80%) se recupera da doença sem necessidade de tratamentos especiais.

GRUPOS DE RISCO

São pessoas que têm algum tipo de condição que deixam as defesas mais fracas ou que favorecem a invasão das células pelos vírus. Por exemplo, idosos, diabéticos, hipertensos, obesos, asmáticos, fumantes e aqueles em tratamento quimioterápico.

O SARS-CoV-2, a partir de determinado momento de sua disseminação, sofreu mutações, o que ocasionou o surgimento de algumas variantes, fazendo com que as pessoas pudessem ser reinfectadas. Estudos e pesquisas indicam que mais variantes do vírus ainda podem surgir.

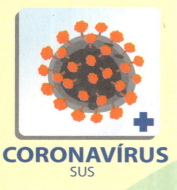

CORONAVÍRUS
SUS

PESSOAS EM ISOLAMENTO

Caso você tenha os sintomas de febre, tosse e falta de ar, avise imediatamente um adulto. Ele levará você ao médico, que o examinará e poderá indicar um teste para saber se você realmente está com a COVID-19. Dependendo de como você estiver, poderá ficar no hospital ou, se puder voltar para casa, ficará em repouso seguindo as recomendações médicas.

Você poderá conversar com seus amigos pelas suas redes sociais. É muito importante neste período que você mantenha o isolamento social por 14 dias.

Amigos, vamos ver se vocês acham no diagrama os sintomas da COVID-19?

FEBRE - ESPIRROS - TOSSE - CORIZA - FALTA DE AR - DOR NO PEITO - DOR DE CABEÇA - DOR NO CORPO - PERDA DO OLFATO - PERDA DO PALADAR

P	D	S	F	S	A	S	F	S	F	E	B	R	E
E	F	B	A	E	S	P	I	R	R	O	S	A	D
R	F	A	S	A	D	B	S	A	F	F	S	B	O
D	B	S	D	B	A	C	O	R	I	Z	A	B	R
A	B	F	S	S	A	S	S	D	A	F	D	F	N
D	A	F	A	L	T	A	D	E	A	R	S	A	O
O	F	D	S	F	U	F	A	F	S	D	S	A	P
P	D	D	O	R	N	O	C	O	R	P	O	F	E
A	I	E	W	J	S	A	L	U	S	D	A	D	I
L	U	F	S	R	F	G	E	A	F	S	S	D	T
A	P	E	R	D	A	D	O	O	L	F	A	T	O
D	V	S	D	O	R	D	E	C	A	B	E	Ç	A
A	F	S	G	U	W	V	F	G	S	S	A	D	D
R	D	A	S	W	F	V	G	D	F	D	G	S	S
O	S	A	T	O	S	S	E	S	F	S	D	F	W

Olha como os vírus se multiplicam rapidamente! Encontre 20 vírus na cena.

COMPLETE AS CONTAS DE MULTIPLICAÇÃO:

20 X 2 = ☐   30 X 4 = ☐

50 X 5 = ☐   10 X 9 = ☐

SISTEMA IMUNOLÓGICO

O sistema imunológico do corpo é a defesa do nosso organismo contra gripes e outras infecções. Para esse sistema manter-se forte, precisamos ter hábitos saudáveis no dia a dia, como comer de maneira saudável, praticar esportes, estimular a mente com boas leituras e dormir cedo.

> Alimentação com frutas e verduras ricas em vitaminas é essencial para fortalecer nossa imunidade!

COMO MANTER A IMUNIDADE DO CORPO ALTA

Para fortalecer nosso sistema imunológico, os hábitos saudáveis são fundamentais! Atividade física e boa alimentação nos deixam fortes para evitar infecções.

A nutricionista explica que alguns alimentos são ricos em vitaminas e nutrientes: castanhas, grãos, carnes, peixes, legumes, verduras, frutas e ovo.

CUIDADOS A SEREM TOMADOS

Quando não puder lavar as mãos, peça para um **adulto higienizar suas mãos com álcool gel 70%**.

Cobrir o nariz e a boca com um lenço ou o braço ao tossir ou espirrar.

Usar máscara quando sair na rua e jamais levar as mãos ao rosto.

Evitar contato próximo (um metro e meio de distância) de pessoas que não morem com você.

Ficar em casa e se isolar das outras pessoas que moram com você, caso apresente os sintomas da doença.

26

CUIDADOS A SEREM TOMADOS

Não tocar os olhos, o nariz ou a boca sem estar com as mãos limpas.

Manter os ambientes abertos. Abra as janelas e portas mesmo em dias frios.

Evitar aglomerações e contato com pessoas com sintomas de doenças respiratórias.

Não cumprimentar as pessoas com aperto de mão, beijos ou abraços.

27

MUDANÇA DE HÁBITOS É FUNDAMENTAL

O momento é de alerta e as medidas de contenção são imprescindíveis. A mudança de hábitos é fundamental e exige o compromisso de cada cidadão.

Assim, a população pode se proteger e também contribuir para a contenção da pandemia.

28

SAÚDE EMOCIONAL

É tempo de fortalecer a amizade, o amor e a união, seja por meio de ligações de celulares, mensagens e até pensamentos positivos.

Não sabemos ainda para onde todo esse movimento nos levará. Mas é fato que todos os humanos pararam para o planeta descansar um pouco. Também temos certeza de que todos os seres humanos estão pensando sobre o sentido da vida e o quanto é importante estar aqui.

EXISTE TRATAMENTO PARA O NOVO CORONAVÍRUS?

Desde o aparecimento do vírus, governos e entidades privadas não mediram esforços para custear o trabalho de cientistas que, usando tecnologias novas e estudos de imunizantes que já estavam em andamento há décadas, conseguiram desenvolver vacinas para a Covid-19 em menos de um ano.

REFERÊNCIAS

Ministério da Saúde
Organização Pan-Americana da Saúde (braço da OMS)
Coalizão Covid Brasil
Covid Update
Covid Google